유모차 탄 강아지

ⓒ2012 김미경

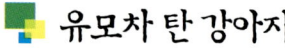
유모차 탄 강아지

1판 1쇄 : 인쇄 2012년 2월 5일
1판 1쇄 : 발행 2012년 2월 8일

지은이 : 김미경
펴낸이 : 서동영
펴낸곳 : 서영출판사

그 림 : 정나나
디자인 : 이원경

출판등록 : 2010년 11월 26일(제25100-2010-000011호)
주소 : 인천광역시 계양구 효성동 200-1 현대 404-103
전화 : 02-338-7270 팩스 : 02-338-7161
이메일 : sdy5608@hanmail.net

ⓒ2012 김미경 seo young printed in incheon korea
ISBN 978-89-97180-08-0 (04810)
ISBN 978-89-97180-00-4(set)

이 도서의 저작권은 저자와의 계약에 의하여 서영출판사에 있으며 일부
혹은 전체 내용을 무단 복사 전제하는 것은 저작권법에 저촉됩니다.
*잘못된 책은 구입하신 서점에서 바꾸어 드립니다.

일원화 공급처_(주)북새통
주소 : 서울 마포구 서교동 464-59 서강빌딩 6층
전화 : 02-338-0117(대표), 팩스 : 02-338-7160
이메일 : info@booksetong.com

유모차 탄 강아지

2012 · 서영

김미경 동시집 출간을 축하하며

  김미경 시인은 하늘이 우연히 내게 내려준 선물이다. 하루는 한실문예창작 강의를 위해 길을 가던 중 어느 사거리에서 신호 대기를 하고 있었다. 그때 바로 내 옆에서 휠체어에 앉아 있는 아가씨가 미소를 지으며 나를 올려다봤다. 내가 먼저 말을 걸었다.
  "혹시 시 좋아해요?"
  "네!"
  "그럼, 시 창작 공부하러 가요. 바로 요 건물 5층에서 수업해요."
  "정말요?"
  이렇게 해서 우리의 아름다운 인연은 시작되었다. 그 뒤로 일주일에 한 번씩 우리는 수업 시간에 만나 시 이론을 공부하고 시 창작을 하고 시평을 주고 받으며 토론을 했다.
  김미경 시인은 호남대학교 사회복지학과에 들어가 수강하면서도, 시 창작의 열정을 멈추지 않았다. 그 성실성은 드디어 시 열매 100여 편을 맺도록 해주었고, 개인으로 시화전을 개최하는 기쁨도 안겨 주었다.
  그녀는 주로 동시를 쓴다. 사물과 삶과 자연을 관조의 프리즘 대신 동심의 프리즘으로 바라보고 해석하여 시적 형상화를 이뤄 놓는다. 그 참신하고 깜찍한 표현과 해맑은 이미지 구현은 동시의 참맛을 느끼도록 해주기에 충분하다.

여름에는
해님이 술래 되어
나만 찾고

나는
해님 뜨거워
온종일
꼭꼭 숨고

겨울에는
내가 술래 되어
해님만 찾고

해님은
내가 귀찮아
잔종일
꽁꽁 숨고.

- [숨바꼭질] 전문

　이 시에서 해님과 나의 설정이 신선하다. 여름과 겨울이 다르다. 여름에는 해가 나를, 겨울에는 내가 해를 찾아다닌다는 착상은 우리의 마음을 사로잡는다. 이처럼 동시에서 돋보이는 기법은 역시 참신한 착상일 것이다. 어른들의 시야에서는 잘 포착되지 않는 새로운 착상, 새로운 해석은 동심의 눈길을 확 잡아끄는 데 큰 역할을 한다. 읽어가는 독자의 마음도 산소를 머금은 것처럼 상큼해진다.

쌩쌩
꽃샘바람에
깜짝 놀란
새싹이 하품하며
눈을 뜰까 말까
꽃망울도
슬슬 눈치 보며
꽃을 피울까 말까.
- [봄] 전문

이 시에는 순수한 시선이 아름답다. 동시는 바라보는 시선의 순수함이 생명이다. 동시가 이 땅에 존재하는 이유이기도 하다. 아이들의 심성에 심고 싶어하는 순수를 동시는 담고 있어, 인류의 영원한 동반자이기도 하다. 점점 메말라 가는 인류의 마음을 동시가 바르게 인도하고 있으므로.

아저씨!
봄바람 좀
빵빵하게
넣어 주세요.
-[빵꾸] 전문

이 시에서 보이는 낯설게 하기는 우리를 놀라게 함과 동시에 행복하게 해준다. 빵꾸는 피해자를 슬프게 한다. 고의든 타의든 마음이 괴롭다. 그런데도 이 시에서는 봄바람 좀 빵빵하게 넣어달라고 말하고 있다. 얼마나 기발한 반전인가. 사물을 보는 색다른 해석이 우리의 가슴을 뻥 뚫어지게

하는 봄바람을 몰아가고 있는 것이다.

    삑삑 하면
    현관 앞에
    꼬리 살랑살랑
    눈치 백 단
    재롱둥이

    쩝쩝 하면
    앞발 들고
    코를 실룩실룩
    먹보 백 단
    애교둥이.
              - [초롱이] 전문

  이 시에 보이는 대구의 기법이 읽은 이의 기분을 상쾌하게 해준다. 좋은 동시에서 자주 만나는 대구의 미가 재롱둥이와 애교둥이에서 빛을 발하고 있다. 그러면서 천진난만한 동심의 세계를 독자의 손바닥에 살며시 쥐어줄 줄 아는 기법이 멋스럽다.

더위 앞에서
하루종일
도리 도리

더위 싫어서
여름 내내
도리 도리.
        - [꼬마 선풍기] 전문

이 시에서 생명을 부여받은 무생물의 인격체가 가슴을 따스하게 해준다. 사물의 인격화, 자연의 인격화, 무생물의 인격화야말로 동시가 해내야 하는 큰 과제이기도 하다. 이러한 인격화의 습관이 아이들을 보다 성숙하고 성장하게 해주는 디딤돌이 되리라 믿는다.

얼음으로 버무려
정신 번쩍 드는 맛
웃음이 아삭아삭
행복이 달콤달콤
사랑이 쫄깃쫄깃
        - [팥빙수] 전문

이 시에서 애용되고 있는 의성어와 의태어의 적절한 배치는 동시의 품격을 한층 높여준다. 또한, 웃음이 아삭아

삭, 행복이 달콤달콤, 사랑이 쫄깃쫄깃이라고 표현함으로써, 시각과 청각, 추상과 구상으로 결집시키는 솜씨가 일품이다.

노오란
눈길
입에 물고
개굴개굴
초록빛
꿀향
품에 안고
개굴개굴
- [개구리참외] 전문

이 시에서도 의성어는 제 역할을 톡톡히 하고 있다. 더욱이 노란 눈길과 개굴개굴, 초록빛 꿀향과 개굴개굴이 만나, 시각과 청각, 후각과 청각이 어우러져 공감각의 영역까지 확보해 놓고 있다.

오동통 빨간 볼
한 입 덥썩 깨물면
아이 셔

엄마 보고
자동으로 윙크하는 아빠
아이 셔.
- [자두] 전문

이 시 속에는 자연스러움과 재치와 귀여움이 한꺼번에 담겨 있다. 동시의 자연스러움, 그 안으로 흐르는 재치, 그러면서도 아이들과 한결 가깝게 다가가게 하는 귀여움이 있을 때, 동시는 더욱 가치 있게 반짝반짝 빛나게 될 것이다.

푹~
빵빵하게
쓰윽
부풀어 오르다

펑~
힘없이
바람 빠져
콧등에 찰싹

후~
두 볼 가득
동그란 꿈 채워
불고 또 불고.
　　　　- [풍선껌] 전문

이 시에 담겨 있는 교훈은 직접 노출되지 않고 은은히 스며 있어 한결 멋스러워 보인다. 꿈을 가졌지만 시들어 버리기 일쑤이지만 이에 굴하지 않고 도전하고 또 도전하면, 반

드시 꿈을 이루고 말 것이라는 메시지가 동심의 이미지 그릇 위에 소롯이 담겨 있어 좋다.

할배 콧등에 걸린
동그라미 둘
떨어질까 아슬아슬

아빠 이마에 올라탄
개구쟁이 둘
미끄러질까 조마조마.
- [안경] 전문

이 시를 대하면, 관찰의 섬세함에 박수를 보내게 된다. 할아버지의 콧등에 걸리고 아버지의 이마에 올라탄 안경에 대한 관찰에는 면밀함과 따스함과 장난스러움과 재치가 동시에 담겨져 있다. 그래서 시를 읽는 행복감을 증폭시켜 주는 것이리라.

이와 같이, 김미경의 동시들은 좋은 동시로서의 자격을 두루 구비하고 있어, 우리를 행복하게 한다. 한 편 한 편 곱게 시 창작을 하고 이를 아끼고 사랑하며, 때론 시화전을 펼쳐서 동심을 아이들과 서로 나누기도 하며, 때로는 장애우들과 함께 시심을 예쁘게 꽃피우기도 하면서, 하루 하루 알차게 살아가는 모습이 지극히 아름다워 보인다.

부디 이 시집이 자신과 가족들과 친지들과 문우들에게 큰 위로가 되고 어여쁜 인생 방향이 되어 주길 소망해 본다. 더 나아가, 제2, 제3 시집도 펴내어, 이 땅과 세계의 독자들

에게 오래도록 사랑받고 존경받은 시인으로서의 삶을 향긋이 살아주기를 간절히 바란다.
    - 한파가 너울대는 흑룡의 새아침에.

    한실 문예창작 지도 교수 박덕은
    (문학박사, 시인, 소설가, 아동문학가, 문학평론가, 사진작가)

저자의 말

가슴이 두근두근합니다.
저의 첫 시집 〈유모차 탄 강아지〉를 기다리는 제 마음이 그렇습니다.

돌아보면 2008년 5월의 그날은 행운과 축복이 겹치는 날이었나 봅니다.
"시를 좋아하세요?"
푸른 5월의 싱그런 아침에 저의 잠자는 시심을 똑! 똑! 깨워준 우연한 만남!
"네. 좋아하는데요"
그분의 물음에 무심코 좋아한다고 대답은 했지만, 저는 금세 후회하고 말았습니다. 솔직히 그때까지 저는 시가 멀게만 느껴졌었습니다. 다만 좋은 시들을 읽고 감상하면서 어린이나 어른, 누구나가 쉽게 읽으면서 감동을 느낄 수 있는 시를 써 주는 사람이 있다면 참 좋을 것 같다는 생각을 하곤 했었습니다.
시에 대한 생각이 그 정도인 제가 누군가의 물음에 대뜸 '좋아한다'고 말하다니 조금 부끄러웠습니다. 다행인 것은 저의 그런 속마음을 아무도 모른다는 것이지요. 하여간 그런 제가 그분과의 만남을 계기로 시 공부를 하게 되었습니다.

　그분이 누구시냐구요? 바로 우리들의 영원한 사부, 박덕은 교수님이지요.

　그날 이후 항상 밝게 웃을 수 있는 행복한 시간들을 만들어가게 되었습니다.
　아빠가 아들이랑, 엄마가 딸이랑 웃으며 동시를 읽는 동화같은 아름다운 그림을 그리면서, 동시를 배우고 짓는 즐거움을 느끼게 되었습니다.
　저의 시를 읽는 사람들은 자신의 어린 시절의 모습을 떠올리며 미소를 지을 수도 있고, 엄마로서 아기가 자라는 모습들을 보면서 순간순간의 기쁨들을 안아 볼 수도 있을 것입니다.
　제가 시로 쓴 이야기들은 모두 창조주의 작품으로 우리의 생활 속에서 보고, 듣고, 생각해 볼 수 있는 내용들이니까요.
　사람들은 행복을 큰 것에서만 찾으려고 합니다. 하지만, 진실한 행복은 아주 작은 것들 속에 숨어 있습니다. 빛나는 눈동자로 관찰하고, 따뜻한 마음으로 표현할 때, 그러한 행복들을 나의 것으로 찾아 누릴 수 있습니다.
　앞으로 저의 바람은 어린이들 마음속에 초록 꿈을 선물해 주고, 어른들 마음속에는 그리운 추억을 선물해 주는 꿈

을 키워가는 거랍니다. 그래서 사람들 마음이 밝아지는 동시와 동화를 쓰고 싶습니다.

 콩닥! 콩닥! 뛰는 설레임…… 제가 첫 번째 동시집을 출간하게 되기까지 열정과 사랑으로 지도해 주신 한실문예창작 지도교수이신 박덕은 교수님, 늘 관심과 칭찬으로 응원해주신 한실문예창작 문우들, 저를 길러주시고 지원해 주신 가족들, 비가 오나 눈이 오나 함께 동행해 준 저의 매니저 굿모닝님에게도 고마운 마음을 가득 담아 전합니다.
 모두 모두 감사합니다! 사랑합니다!

祝詩

김미경

박덕은

숲속의 공주라는
전설이
무수한 풀숲으로
우거져

어느새
산천을 뒤덮는
푸르름이 되었다

그 어떠한
유혹의 숨결도
뚫지 못하는
순수로

겹겹
방어막을 한
일상

그
자그만 공간에서도
광대한 꿈을
담고 싶는다

동심으로
시를 쓰며
미소로
인생을 가꾸며

하루 하루
감동의
퍼포먼스를
싱그럽게
반복하며

온몸으로
향기를
은은히
뿜어버고 있다.

차 례

김미경 시인의 동시집 출간을 축하하며- 박덕은 … 5
저자의 말 … 15
祝詩 … 18

1부 봄이야기

봄 … 29
봄비 … 30
병아리 … 31
제비 … 32
개나리꽃 … 33
후리지아 … 34
꽃들아 … 35
모내기 … 36
봄날 … 37
가족 … 38
아가 … 39
공놀이 … 40
아기별 … 41
딸기야 … 42
내 키 … 43
잔물결 … 44
초롱이 … 45
새참 … 46
빵꾸… 48

2부 여름 이야기

여름 … *53*
소나기 … *54*
냉장고 … *55*
개구리참외 … *56*
팥빙수 … *57*
자두 … *58*
꼬마 선풍기 … *59*
이슬방울 … *60*
바지락 … *61*
선글라스 … *62*
접시꽃 … *63*
여름밤 … *64*
수박 서리 … *65*
수박 모자 … *66*
봉숭아 꽃물 들이기 … *67*
원두막 … *68*
참새 쫓기 … *69*
나팔꽃 가족 … *70*
막걸리 심부름 … *71*
열무 김치통 … *72*

3부 가을 이야기

국화 … 77
송편 … 78
운동회 … 79
김밥 … 80
보물 찾기 … 81
가을 노래 … 82
다람쥐 … 83
밤송이 … 84
얌체 … 85
홍시 … 86
짝꿍 … 87
해바라기 … 88
비둘기 … 89
고추잠자리 … 90
유모차 탄 강아지 … 91
꿀꿀이 저금통 … 92

4부 겨울 이야기

하얀 겨울 … *97*
눈사람 … *98*
감기 … *99*
붕어빵 … *100*
김장 김치 … *101*
숨바꼭질 … *102*
겨울밤 … *103*
떡국 … *104*
한겨울밤 … *105*
해물탕 … *106*
조기 … *107*
궁금해 … *108*
덤 … *109*
풍선껌 … *110*
안경 … *111*
다롱이 … *112*

1부 봄이야기

봄

쌩쌩
꽃샘바람에
깜짝 놀란
새싹이 하품하며
눈을 뜰까 말까
꽃망울도
슬슬 눈치 보며
꽃을 피울까 말까.

봄비

보슬보슬
보드랍게
입맞추는
자리에
꽃잎이
방긋방긋

소록소록
싱그럽게
속삭이는
자리에
새싹이
생긋생긋.

병아리

삐약 삐약
어미닭 그림자
꽁무니 물고
텃밭에서 마당으로
졸 졸 졸

꼬꼬 꼬꼬
어미닭 부름에
엉덩이 들고
마당에서 텃밭으로
종 종 종.

제비

새봄 햇살
물어와

행복 둥지에
콕콕

하늘 사랑
물어와

새끼들에게
쏙쏙.

개나리꽃

꽃눈 비비며
기지개
쭈우쭉

햇살이
겨드랑이에
사알짝

가지마다
노란 웃음
화알짝.

후리지아

꽃망울
망울마다
초록 꿈
꼭꼭
머금었다

꽃송이
송이마다
노란 향
톡톡
터뜨렸다.

꽃들아

있잖아~
어떤
꽃이
짱이야?

있잖아~
무슨 향기가
짱이야?

있잖아~
누구 색깔이
짱이야?

모내기

일개미들
줄 지어
한 발 한 발

가재 걸음
줄 맞춰
한 발 한 발

얼싸 덜싸
풍년 노래
한 발 한 발

논에 빠져
놀란 햇발
한 발 한 발.

봄날

손끝에서
춤추는
햇살
하늘하늘

코끝에서
간지럼 태우는
향기
살랑살랑

발끝으로
흥겹게 흐르는
물소리
사뿐사뿐.

가족

엄마는
사랑 퍼 주는
여왕벌

아빠는
행복 물어 나르는
일벌

아기는
웃음 따는
꿀벌.

아가

도리도리
깍꿍~

웃음 손 잡고
까르르
한 발 한 발

도리도리
깍꿍~

사랑 손 잡고
까르르
한 발 한 발.

공놀이

아장 아장
걸어가 뺑~

뒤뚱뒤뚱
뛰어가 뺑~

귀염둥이
깜짝쇼

엄마는 싱글싱글
아빠는 벙글벙글.

아기별

반짝반짝
파란 동산에서
혼자서도
파란 꿈 찾아
잘도 놀지요

깜박깜박
졸음 오면
엄마 품으로
노란 꿈 안고
돌아오지요.

딸기야

콧등은 반들반들
두 볼은 뽀송뽀송
향내는 달콤달콤

한 입에 쏘옥
아니야 아니야
그냥 보기만 할래.

내 키

컴퓨터
형광등
차례로
잠재우고

형아도
누나도
조용히
잠재우고

달님도
별님도
모르게
쑤욱쑤욱.

잔물결

바람 타고
날아와
살랑살랑

구름 타고
뛰어와
찰랑찰랑

발가락 사이
간질간질
장난꾸러기.

초롱이

삑삑 하면
현관 앞에
꼬리 살랑살랑
눈치 백 단
재롱둥이

쩝쩝 하면
앞발 들고
코를 실룩실룩
먹보 백 단
애교둥이.

새참

바다같이 넓어만 보이는
논에 모내기 하다
밀짚모자 벗어 놓고
파릇한 풀밭에
빙~ 둘러앉아
물에 통통 불은 손으로
시원한 막걸리 한 사발
캬아~

우리 아빠
품앗이 이웃들과
허리 펴는 시간
애기꽃 피우는 시간

끝도 없이 길어만 보이는
밭에 김매기 하다
소나무 그늘에
빙~ 모여 앉아
옷의 흙 툭툭 털어내고
구수한 콩국수 한 그릇
뚝딱~

우리 엄마
품앗이 아낙들과
다리 펴는 시간
웃음꽃 피우는 시간.

빵꾸

아저씨!
봄바람 좀
빵빵하게
넣어 주세요.

여름 이야기 2부

여름

바람이
시원한
비키니 입고
바다로
바다로
퐁당~

해님이
커다란
물안경 끼고
바다로
바다로
풍덩~

소나기

아~ 뜨거워
뿔난 먹구름
후두두둑!

흥~ 얄미워
삐친 천둥 번개
우당탕탕!

냉장고

한여름
무더위 무서워
시원한 별장 속으로
룰루랄라~
오이가 피서 왔어요

한여름
무더위 식히려
서늘한 동굴 속으로
룰루랄라~
수박도 피서 왔어요.

개구리참외

노오란
눈길
입에 물고
개골개골

초록빛
꿀향
품에 안고
개굴개굴.

팥빙수

얼음으로 버무려
정신 번쩍 드는 맛
웃음이 아삭아삭
행복이 달콤달콤
사랑이 쫄깃쫄깃.

자두

오동통 빨간 볼
한입 덥썩 깨물면
아이 셔

엄마 보고
자동으로 윙크하는 아빠
아이 셔.

꼬마 선풍기

더위 앞에서
하루종일
도리 도리

더위 싫어서
여름 내내
도리 도리.

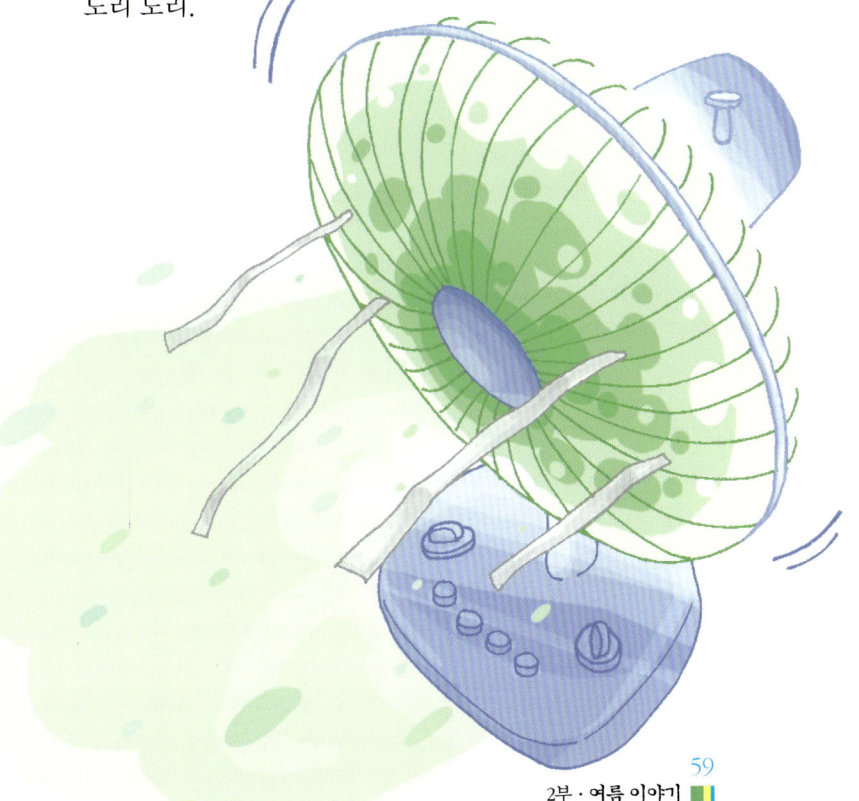

이슬방울

햇님이 잠 깰까 봐
사알짝

접시꽃 타고
또르르

바람에 날릴까 봐
잽싸게

이파리 잡고
쪼르르.

바지락

갯벌에
드러누워
고개 쏙 돌려
꼬옥 눈 감은 채
메롱~

꽃게랑
놀기 싫어
입술 사이로
쏘옥 혀 내민 채
메롱~.

선글라스

뻘뻘
땀 나면
해님 이마
뜨겁나
살짝
만져 봐

덜덜
떨리면
달님 이마
차갑나
몰래
짚어 봐.

접시꽃

하얀 접시에
귀여운
웃음 담고

분홍 접시에
싱그런
사랑 담아

곱게 곱게
차려 놓은
깜짝 선물.

여름밤

옥수수 익어가는
향기 따라
산책 나온
달님
기린 목 되어
기웃 기웃

마당 한가운데
웃음 소리로
하모니카 연주하는
우리 가족
도란도란
오순도순.

수박 서리

깊이 잠든
수박 한 통
꼬옥 끌어안고
살금 살금

별님이 눈치챌까
오빠 뒤를 따라가는
꼬마 그림자

꿈을 꾸던
수박 한 통
짜잔 기절시켜
몰래 몰래

달님이 나무랄까
오빠 앞서 도망가는
꼬마 아가씨.

수박 모자

초록 줄무늬
반으로 짠!

달콤한 향기
파먹은 뒤

깔깔거리는
머리통을 쏘옥.

봉숭아 꽃물 들이기

빨간 꽃잎이랑
파란 잎사귀랑
콩콩 찧어

열 손톱 위에
얹어 놓고
꽁꽁 묶는다

잠결에
이리 뒤척 저리 뒤척

눈 뜨면
열 손가락 마디 마디
꽃물이 들어 있겠지
마음 구석 구석
꿈물이 들어 있겠지.

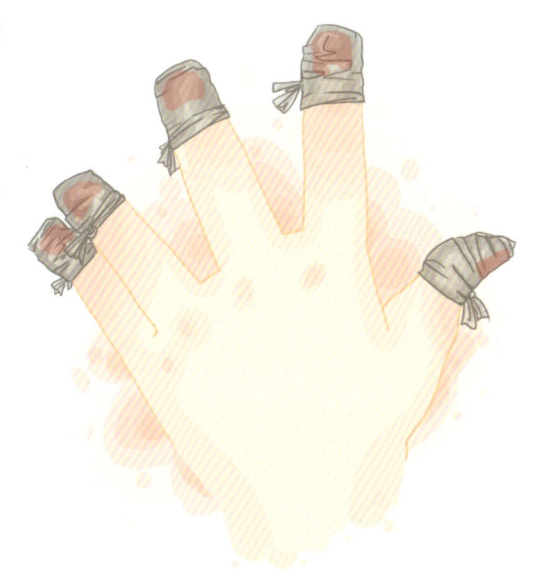

원두막

긴 여름 한나절 하늬바람이
쉬엄쉬엄 놀다 가는 곳

칭얼대던 아기
쿨~쿨~ 낮잠 자는 곳

초록 수박이
대굴대굴 꿈을 꾸는 곳

지친 나그네
하~하~ 웃고 가는 곳.

참새 쫓기

저쪽
수수밭에서
파륵파륵

이쪽
벼숲에서
야금야금

허수아비는
두 팔 휘저으며
휘이휘이

아이들의
냄비뚜껑 사물놀이
쨍글쨍글.

나팔꽃 가족

뚜뚜~
여보야
나 양말 줘
거실에서
아빠가
부르는 소리

뚜뚜~
엄마야
나 용돈 줘
현관에서
아들이
부르는 소리

뚜뚜~
아침마다
불어대는
쌍나팔 소리.

막걸리 심부름

배불뚝이
노란색 주전자
한 손에 들고

논둑길 따라
강아지랑
돌아오는 길

호기심에
쪼옥
목마름에
홀짝

멀리서 웃는
아빠 얼굴
흔들흔들.

열무 김치통

어항 속
금붕어인 양
빼꼼 빼꼼
놀다가

낚시줄 물고
대롱 대롱
올라오는
우물 속
추억 단지.

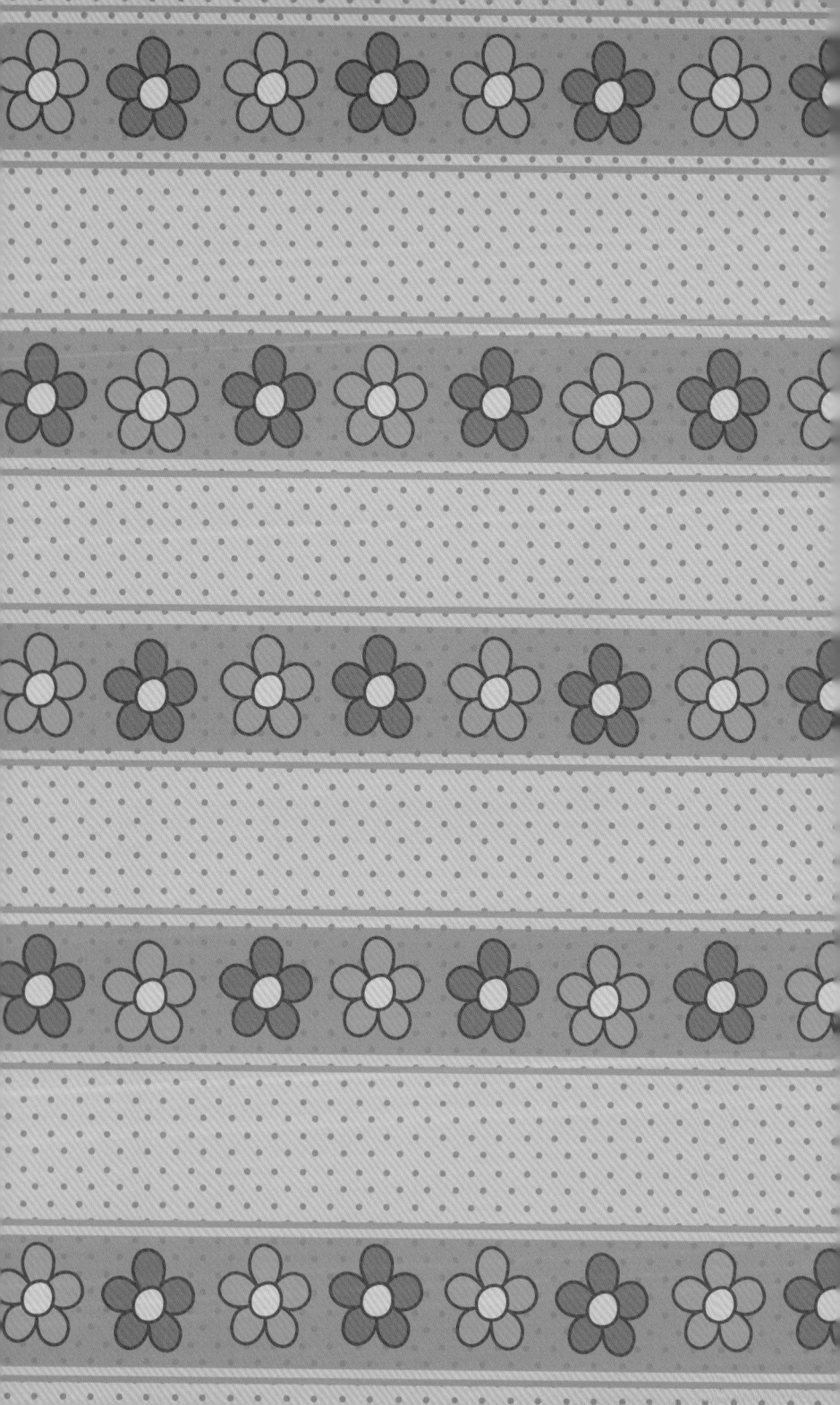

3부 가을 이야기

국화

꼬옥 오므린
귀여운 손가락

노란 햇살 따려고
파란 하늘 쳐다보며

해님의 미소랑
바위 가위 보.

송편

손바닥 위에
텅 빈 마음

동글동글
굴려 보름달

정성 한 스푼
웃음 두 스푼
사랑 세 스푼

차곡차곡
채워
반달.

운동회

청군 이겨라
백군 이겨라
새싹들의 잔치

아들과 딸은
달리기 선수
엄마와 아빠는
응원 선수

팔랑 팔랑
하늘 높이
마음구름 둥둥.

김밥

엄마 마음
꾹꾹 눌러
냠냠

배꼽시계
달래면서
냠냠

엄마 사랑
돌돌 말아
냠냠

미소 들고
뛰어가며
냠냠.

보물 찾기

나무 틈새
기웃 기웃

야!
여기 숨었다

콩당 콩당
뛰는 가슴

풀밭 속을
뒤적 뒤적

와!
또 찾았다

팔짝 팔짝
솟는 마음.

가을 노래

칙칙 폭폭
칙칙 폭폭

이리 이리 와
줄 서요

칙칙 폭폭
칙칙 폭폭

빨리 빨리 와
줄 서요

한 발 늦으면
단풍 친구 떠나요

칙칙 폭폭
칙칙 폭폭.

다람쥐

꼬랑지 끝에
가을 햇살

토실토실 감아
떼구르르

빨간 잎
노란 잎
이불 덮어

도토리 사랑
토닥토닥
잠재운다.

밤송이

여기서 툭
저기서 툭

행복이 툭
빵긋이 툭

가을이 툭
여물어 툭.

얌체

바람결에
살짝 탄
색깔 얌체

기사 몰래
올라탄
단풍 얌체

구름 따라
안녕 손 흔드는
가을 얌체.

홍시

나이든 감나무
꼭대기에 매달린
빠알간
꿈 하나

까치가 쪼면
겨울이 오고
참새가 쪼면
노래가 된다.

짝꿍

식탁 위에
숟가락과 젓가락
다정히 앉아

서로 웃으며
우린
영원한 짝이야

옆에 있던
국그릇과 밥그릇
덩달아 옆구리 쿡쿡

자기는
내 꺼야.

해바라기

여름에는
노란 얼굴의
귀여운 아가씨
방글 방글

가을에는
까만 얼굴의
주근깨 아가씨
부끄 부끄.

비둘기

배가 고플 때도
구구구

기분 좋을 때도
구구구

높이 날을 때도
구구구

자나깨나
구구단밖에 몰라요.

고추잠자리

빨간 날갯짓 안고
맴을 돌고
맴을 돌다

쉴까 말까
날까 말까
망설이다가

하늘 높이
빨간 꿈 띄운
꼬마 발레리나.

유모차 탄 강아지

초록 신호등
깜빡깜박

아가인가 했는데
어머머

아가처럼
타고 가는 멍멍이잖아

놀러가자 떼썼나?
나가자고 울었나?

꿀꿀이 저금통

꼬박 꼬박
밥을 줘도

그만
먹는다는 말
절대 안해요

껌벅 껌벅
졸릴 때도

씨익
윙크 하며
마냥 웃기만 해요.

겨울 이야기 4부

하얀 겨울

작은 발자국
눈부신 눈길 따라
사아뿐 사아뿐

꼬마 발자국
파아란 꿈을 꾸듯
뽀드득 뽀드득.

눈사람

시린 손
호호
불며
대굴대굴
구르는 아이

하얀 눈
둘둘
말아
생글생글
웃는 아이.

감기

강아지랑
뛰고 넘고
눈밭에서
뒹굴 뒹굴

밤새도록
콜록 콜록
얄미운 친구

눈보라랑
업고 안고
언덕에서
쭈륵 쭈륵

하루 종일
훌쩍 훌쩍
얄미운 친구.

붕어빵

앙~
머리를
덥썩 물면
요리 조리
팔딱 팔딱

앙~
꼬리를
살짝 물면
이리 저리
파닥 파닥.

김장 김치

노란 손
빠르게
쓱쓱 버무려
양념 맛 살려
내 입에
쏙~

빨간 손
바쁘게
싹싹 비벼서
매운 맛 살려
엄마 입에
쏙~.

숨바꼭질

여름에는
해님이 술래 되어
나만 찾고

나는
해님 뜨거워
온종일
꼭꼭 숨고

겨울에는
내가 술래 되어
해님만 찾고

해님은
내가 귀찮아
진종일
꽁꽁 숨고.

겨울밤

별님은 으슬으슬
달님은 꾸벅꾸벅

메밀~묵
찹쌀~떡
사~려

꿀잠 깨우는 소리에
배꼽시계 꼬르륵.

떡국

빨리 크고 싶어서도
어른 되고 싶어서도
아니야

그냥
맛있어 먹고
또 먹고

마냥
좋아 먹고
또 먹고.

한겨울밤

살얼음 동동
단꿀물 줄줄

동치미 하하
군고구마 호호

맛이 좋아 냠냠
서로 보고 낄낄.

해물탕

파릇파릇한
미나리밭

콩나물 꼬리 물고
바다향 내뿜는 미더덕

입 큰 백합 속으로
몰래 몰래 숨는다

헤엄치는 새끼 주꾸미
뒤를 쫓는 왕새우.

조기

엄마는
혼자서 콧노래
흥얼흥얼

싱싱한 건
우리 딸래미 주고
통통한 건
우리 아들놈 주고

앞가슴에
칙~칙~
등뒤에
쓱~쓱~

식탁 위에서
별빛은
눈만 떴다 감았다.

궁금해

똑같은
흙속에다
심었는데

어떤 건
물고구마
어떤 건
밤고구마

똑같은
흙속에서
자랐는데

색도
가지 가지
맛도
가지 가지.

유모차 탄 강아지

덤

조금만 더 주세요
애교 부리는
깍쟁이 새댁

어디 남는 게 있나
한마디 던지고는
돌아서서

콩나물 한 움큼
뭉텅 집어 주는
꼬부랑 할머니.

풍선껌

푸~
빵빵하게
쓰윽
부풀어 오르다

펑~
힘없이
바람 빠져
콧등에 찰싹

후~
두 볼 가득
동그란 꿈 채워
불고 또 불고.

안경

할배 콧등에 걸린
동그라미 둘
떨어질까 아슬아슬

아빠 이마에 올라탄
개구쟁이 둘
미끄러질까 조마조마.

다롱이

놀 때는
오빠 따라 메~롱
장난꾸러기

배고플 때는
언니보다 놀부 심보
심술꾸러기

잠잘 때는
나처럼 벌러덩
잠꾸러기.